AF284431

Impressum
Verlag: BABADADA GmbH, Nedderfeld 112 , 22529 Hamburg
Geschäftsführer / Verlagsleitung: Harald Hof
Druck: Books on Demand GmbH, In de Tarpen 42, 22848 Norderstedt

Imprint
Publisher: BABADADA GmbH, Nedderfeld 112 , 22529 Hamburg, Germany
Managing Director / Publishing direction: Harald Hof
Print: Books on Demand GmbH, In de Tarpen 42, 22848 Norderstedt, Germany

школа

училище

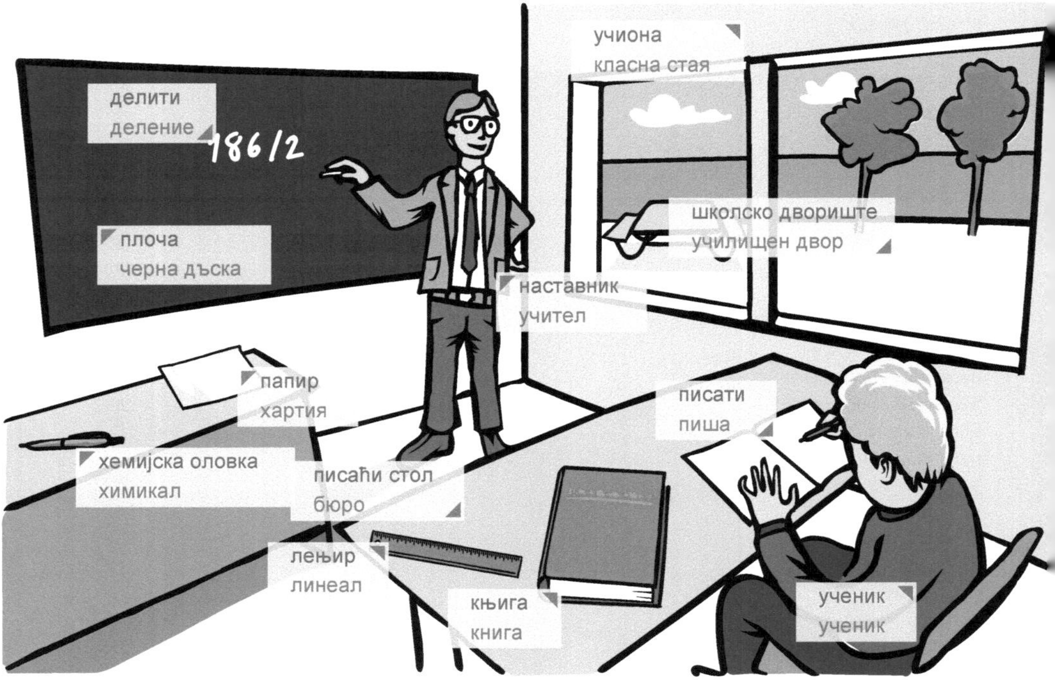

учиона
класна стая
делити
деление
186/2
плоча
черна дъска
школско двориште
училищен двор
наставник
учител
папир
хартия
писати
пиша
хемијска оловка
химикал
писаћи стол
бюро
лењир
линеал
књига
книга
ученик
ученик

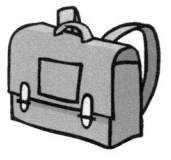

торба

ученическа раница

перница

ученически несесер

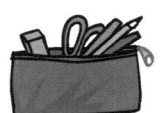

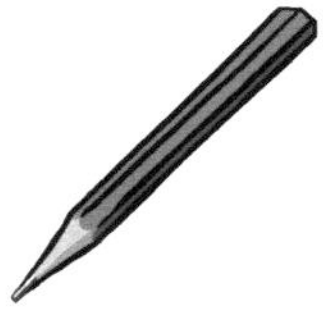

графитна оловка

молив

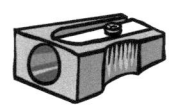

шиљило за оловке

острилка за моливи

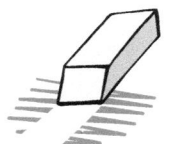

гумица за брисање

гума

блок за цртање

блок за рисуване

цртеж
рисунка

кист
четка

кутија са бојама
акварелни бои

маказе
ножица

лепило
лепило

бележница
тетрадка за упражнения

домаћи задатак
домашна работа

број
число

сабирати
събиране

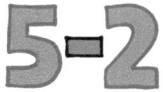

одузимати
изваждане

множити
умножение

рачунати
смятане

слово
буква

абецеда
азбука

реч
дума

текст

текст

читати

чета

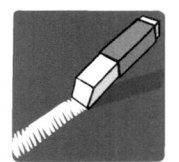

креда

тебешир

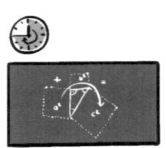

час

час

дневник

дневник на класа

испит

изпит

сведочанство

свидетелство

школска униформа

ученическа униформа

образовање

образование

лексикон

справочник

универзитет

университет

микроскоп

микроскоп

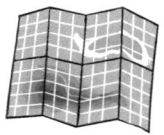

карта

карта

кошара за папир

кошче за хартиени
отпадъци

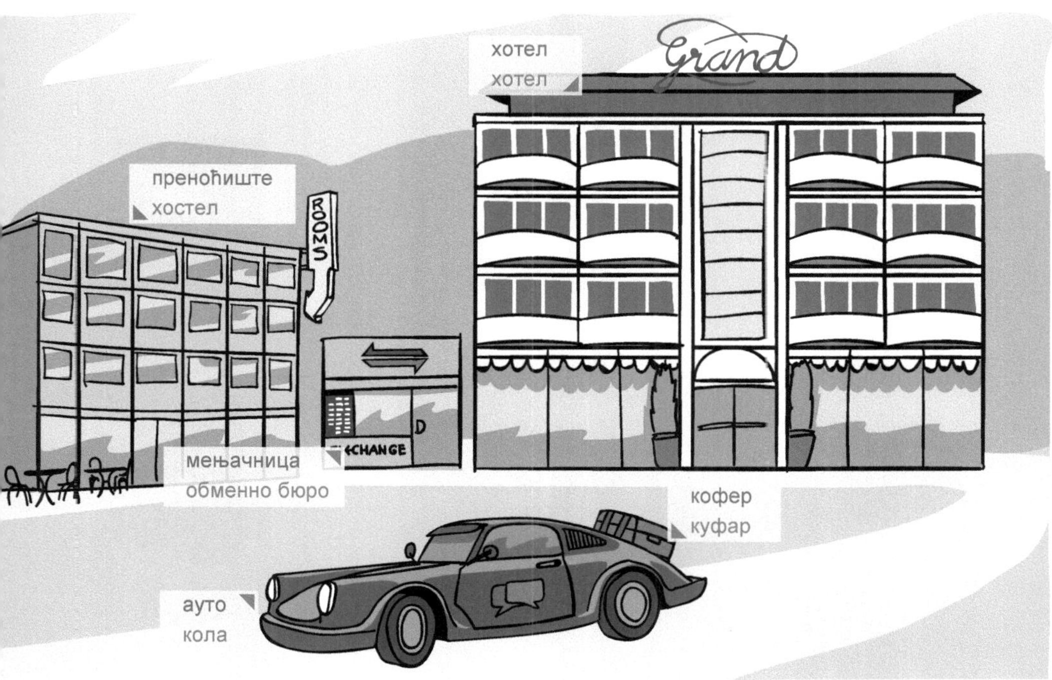

хотел
хотел

пренођиште
хостел

мењачница
обменно бюро

кофер
куфар

ауто
кола

језик
език

да / не
да / не

океј
Окей

здраво
здравей

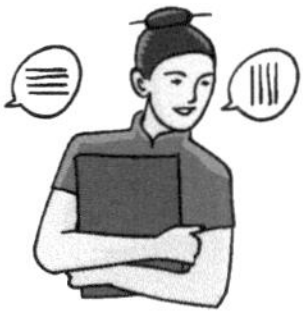

преводилац
преводач

хвала
Благодаря

Колико кошта...?

Колко струва...?

не разумем

Не разбирам

проблем

проблем

добро вече!

Добър вечер!

Добро јутро!

Добро утро!

Лаку ноћ!

Лека нощ!

довиђења

довиждане

смер

посока

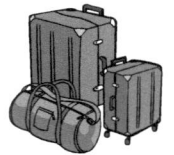

пртљага

багаж

торба

пътна чанта

руксак

раница

гост

посетител

соба

стая

врећа за спавање

спален чувал

шатор

палатка

туристичке информације

туристическа информация

плажа

плаж

кредитна картица

кредитна карта

доручак

закуска

ручак

обед

вечера

вечеря

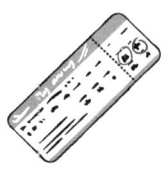

карта за вожњу

билет

лифт

асансьор

поштанска маркица

пощенска марка

граница

граница

царина

митница

амбасада

посолство

виза

виза

пасош

паспорт

транспорт
транспорт

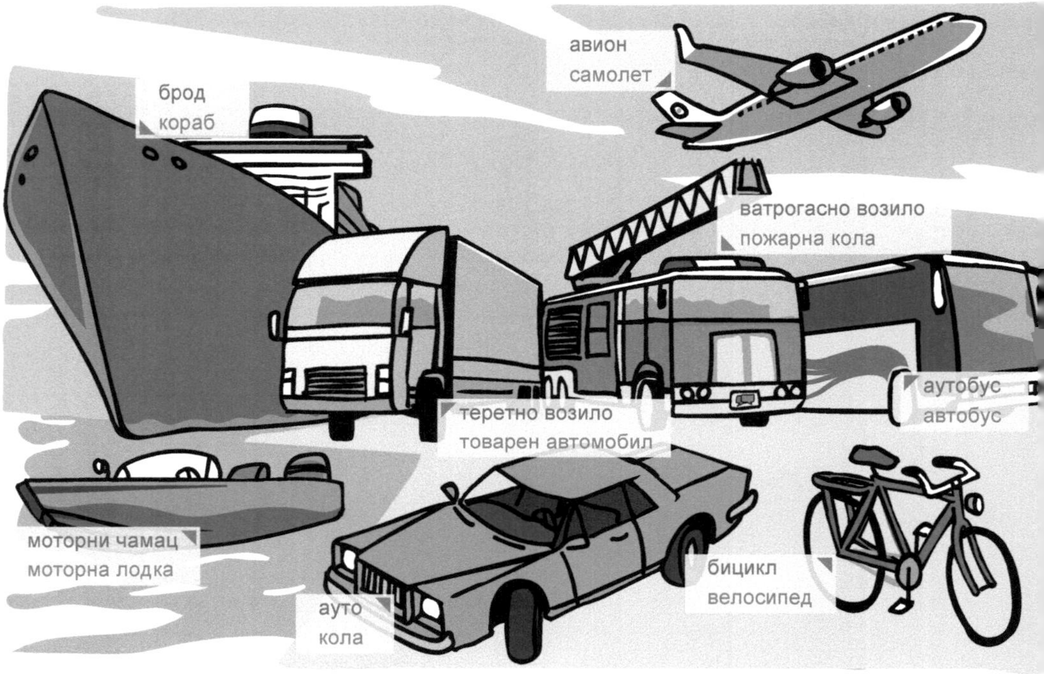
авион
самолет
брод
кораб
ватрогасно возило
пожарна кола
аутобус
автобус
теретно возило
товарен автомобил
моторни чамац
моторна лодка
бицикл
велосипед
ауто
кола

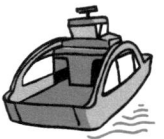

трајект

ферибот

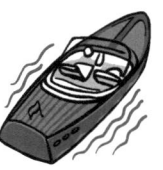

чамац

лодка

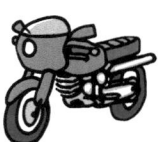

мотоцикл

мотоциклет

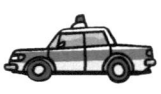

полицијски ауто

полицейска кола

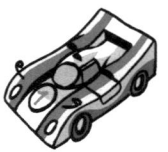

тркаћи ауто

състезателна кола

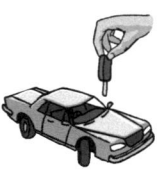

изнајмљено ауто

кола под наем

дељење аутомобила

каршеринг

вучно возило

автомобил от "Пътна помощ"

возило за одвоз смећа

сметовоз

мотор

двигател

бензин

бензин

бензинска станица

бензиностанция

саобраћајни знак

пътен знак

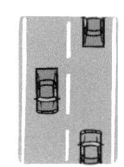

саобраћај

улично движение

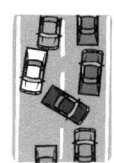

застој

задръстване

паркиралиште

паркинг

железничка станица

гара

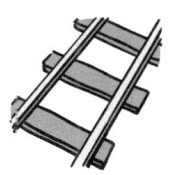

шине

релси

воз

влак

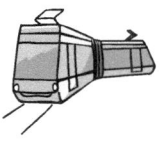

трамвај

трамвай

вагон

вагон

хеликоптер

хеликоптер

аеродром

аерогара

кула

кула

путник

пасажер

контејнер

контейнер

картон

кашон

колица

ръчна количка

корпа

кошница

узлетети / слетети

излитам / приземявам се

град

град

село

село

центар града

градски център

кућа

къща

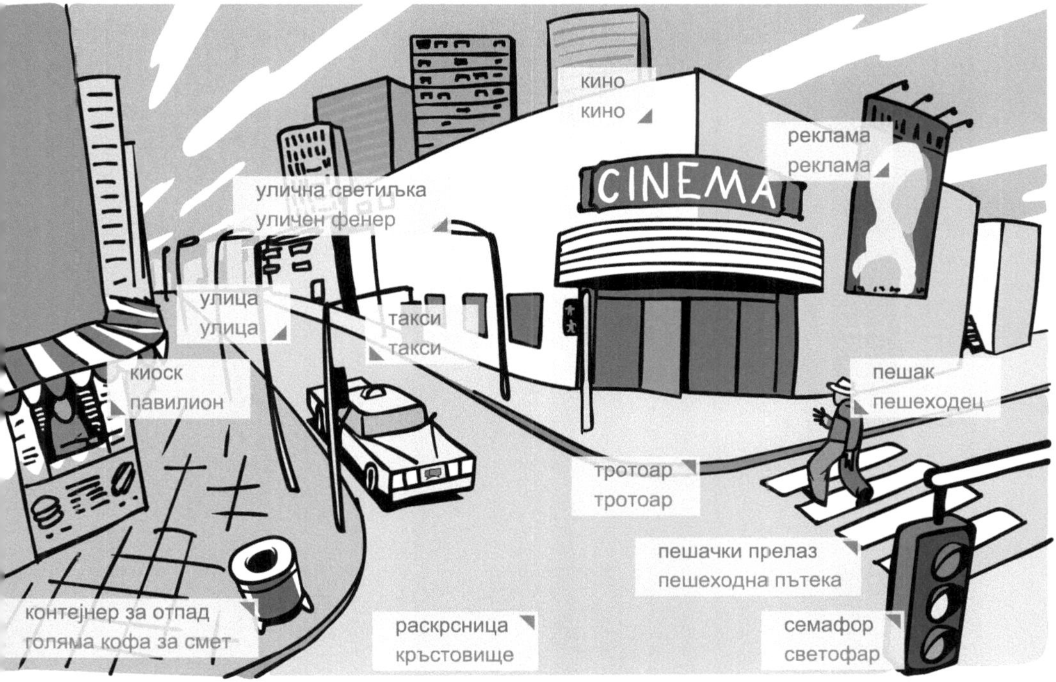

кино
кино

реклама
реклама

улична светилька
уличен фенер

CINEMA

улица
улица

такси
такси

пешак
пешеходец

киоск
павилион

тротоар
тротоар

пешачки прелаз
пешеходна пътека

контејнер за отпад
голяма кофа за смет

раскрсница
кръстовище

семафор
светофар

колиба

хижа

стан

жилище

железничка станица

гара

већница

кметство

музеј

музей

школа

училище

универзитет

университет

банка

банка

болница

болница

хотел

хотел

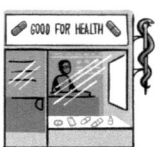

апотека

аптека

канцеларија

офис

књижара

книжарница

продавница

магазин за цветя

цвећара

магазин за цветя

супермаркет

супермаркет

трг

пазар

робна кућа

универсален магазин

рибарница

търговец на риба

трговачки центар

търговски център

лука

пристанище

парк
парк

клупа
пейка

мост
мост

степенице
стълба

подземна железница
метро

тунел
тунел

аутобуска станица
автсбусна спирка

бар
бар

ресторан
ресторант

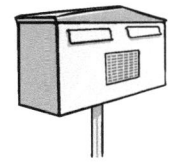

поштэнско сандуче
пощенска кутия

улични знак
улична табелка

паркирни аутомат
часовник за паркинг
престой

зоэлошки врт
зоологическа градина

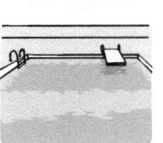

базен
плувен басейн

џамија
джамия

сеоско газдинство

селски двор

загађење околине

замърсяване на околната среда

гробље

гробище

црква

църква

игралиште

детска площадка

храм

храм

пејсаж

пејзаж

лист
листо

путоказ
пътепоказател

пут
път

ливада
ливада

камен
камък

дрво
дърво

шетач
пътешественик

река
река

трава
трева

цвет
цвете

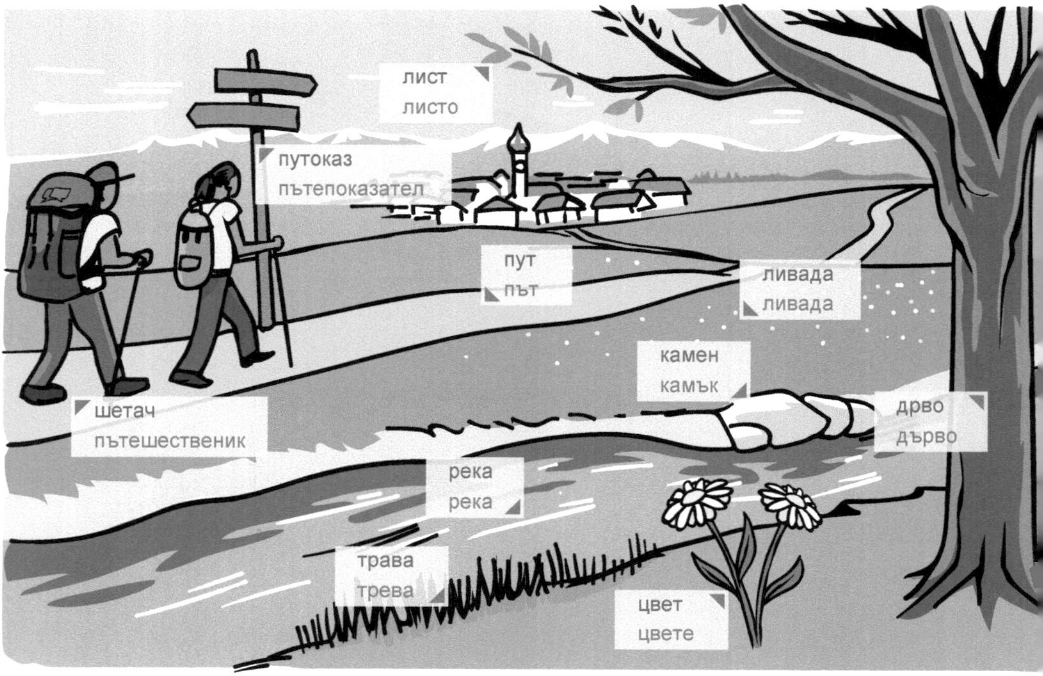

долина
долина

планина
планина

језеро
море

шума
гора

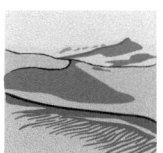

пустиња
пустиня

вулкан
вулкан

дворац
замък

дуга
дъга

гљива
гъба

палма
палма

москито
комар

мува
муха

мрав
мравка

пчела
пчела

паук
паяк

буба
бръмбар

жаба
жаба

веверица
катеричка

јеж
таралеж

зец
заек

сова
кукумявка

птица
птица

лабуд
лебед

дивља свиња
диво прасе

јелен
елен

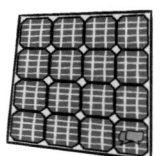

лос
лос

насип
бент

ветрењача
вятърна турбина

соларна плоча
соларен модул

клима
климат

ресторан

ресторант

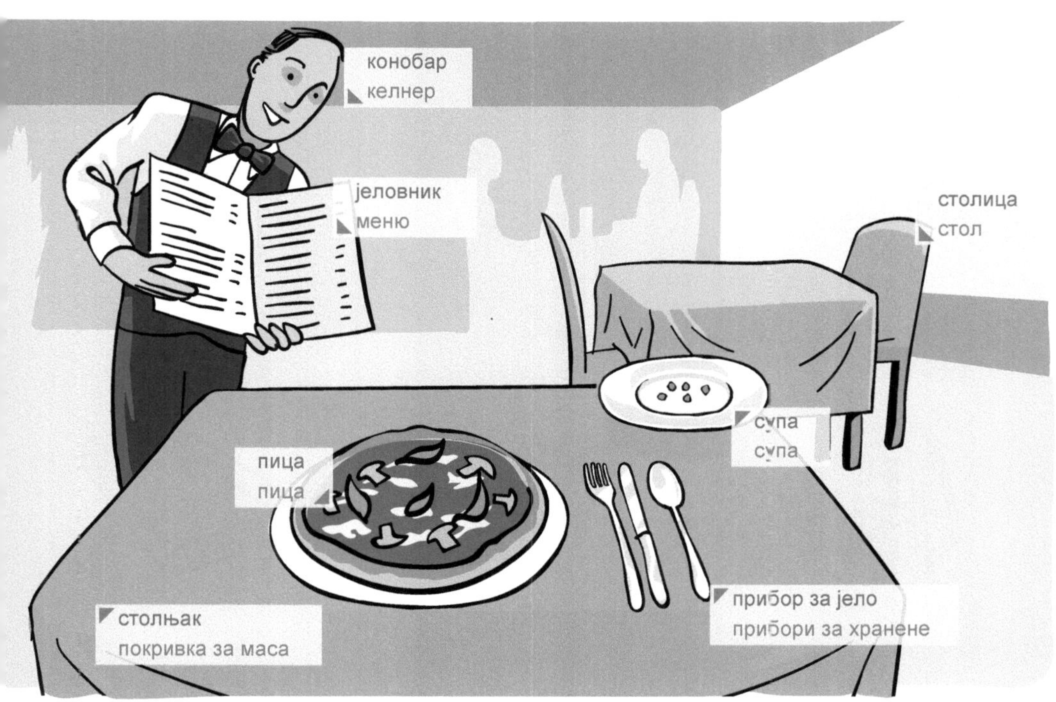

конобар
келнер
јеловник
меню
столица
стол
супа
супа
пица
пица
столњак
покривка за маса
прибор за јело
прибори за хранене

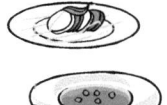

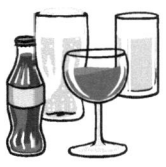

предјело

предястие

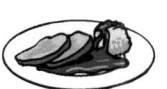

главно јело

основно ястие

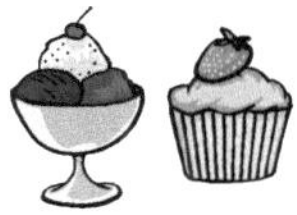

десерт

десерт

напитци

напитки

јело

ядене

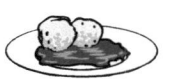

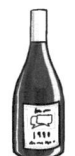

флаша

бутилка

брза храна
······················
бързо хранене

имбис храна
······················
улична храна

чајник
······················
кана за чай

доза за шећер
······················
кутия за захар

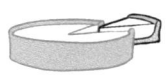

порција
······················
порция

апарат за еспресо
······················
еспресо машина

висока столица
······················
висок детски стол

рачун
······················
сметка

послужавник
······················
табла

нож
······················
ножица за нокти

виљушка
······················
вилица

кашика
······················
лъжица

чајна кашика
······················
чаена лъжичка

салвета
······················
салфетка

чаша
······················
стъклена чаша

ресторан - ресторант

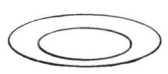

тањир
чиния

тањир за супу
чиния за супа

тањирић
чинийка

сос
сос

сољенка
солница

млин за бибер
мелничка за черен пипер

сирће
оцет

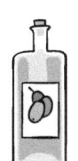

уље
олио

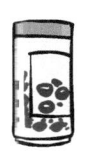

зачини
подправки

кечап
кетчуп

сенф
горчица

мајонеза
майонеза

супермаркет

супермаркет

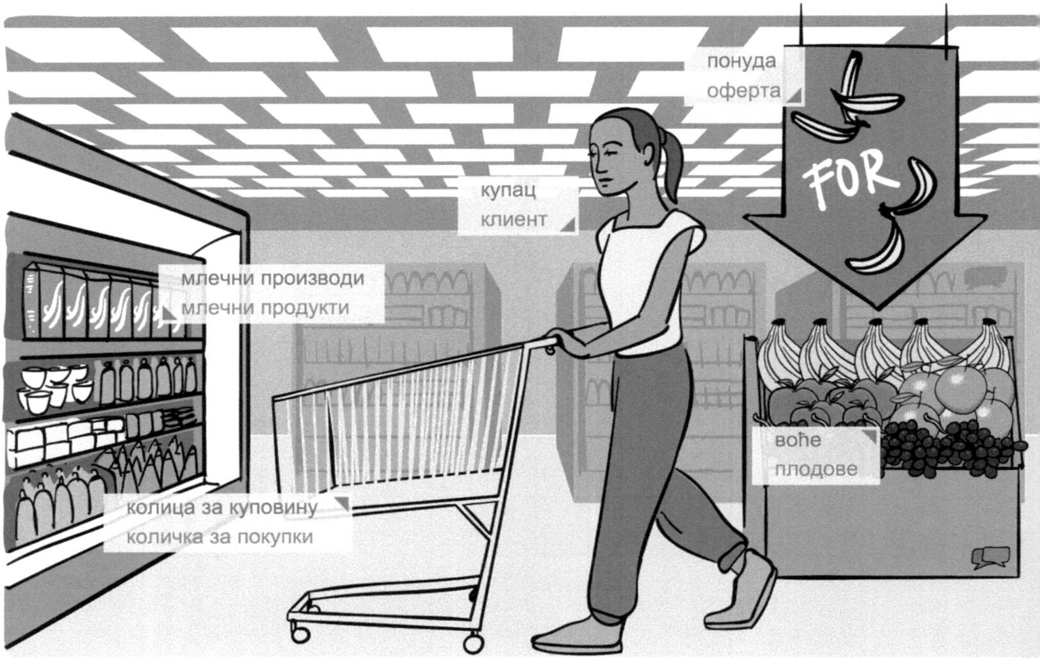
понуда
оферта
FOR
купац
клиент
млечни производи
млечни продукти
воће
плодове
колица за куповину
количка за покупки

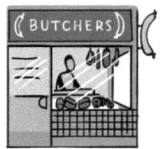

BUTCHERS

месница

кланица

BAKERY

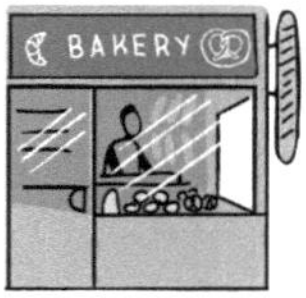

пекара

хлебарница

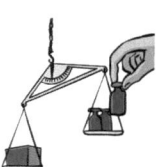

вагати

тегля

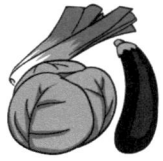

поврће

зеленчуци

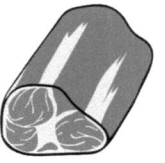

месо

месо

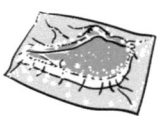

смрзнута храна

дълбоко замразена храна

нарезак

нарязан колбас или сирене

конзерве

консерви

средство за прање

перилен препарат

слаткиши

лакомства

артикли за домаћинство

домакински изделия

средства за чишћење

почистващи препарати

продавачица

продавачка

благајна

каса

благајник

касиер

листа за куповину

списък на покупките

време рада

работно време

новчаник

портфейл

кредитна картица

кредитна карта

торба

чанта

пластична кеса

пластмасова торба

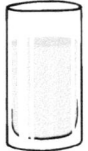

вода
....
вода

сок
....
сок

млеко
....
мляко

кола
....
кола

вино
....
вино

пиво
....
бира

алкохол
....
алкохол

какао
....
какао

чај
....
чай

кава
....
кафе машина

еспресо
....
еспресо

капучино
....
капучино

банана

банан

jабука

ябълка

наранџа

портокал

лубеница

пъпеш

лимун

лимон

шаргарепа

морков

бели лук

чесън

бамбус

бамбук

лук

лук

гљива

гъба

орашасти плодови

ядки

резанци

макарони

шпагете

спагети

рижа

ориз

салата

салата

помфрит

пържени картофи

печени крумпир

печени картофи

пица

пица

хамбургер

хамбургер

сендвич

сандвич

шницла

шницел

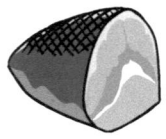

шунка

шунка

салама

траен колбас

кобасица

салам

кокош

пиле

печење

печено

риба

риба

зобене пахуљице

овесени ядки

мусли

мюсли

кукурузне пахуљице

корнфлейкс

брашно

брашно

кроасан

кроасан

пециво

хлебчета

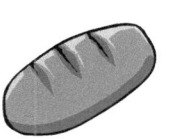

хлеб

хляб

тоаст

препечена филийка

кекси

бисквити

маслац

масло

свежи сир

извара

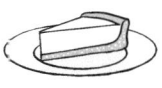

колач

сладкиш

jaje

яйце

jaje на око

яйца на очи

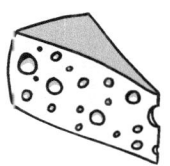

сир

сирене

jeло - ядене

сладолед

сладолед

шећер

захар

мед

мед

мармелада

мармалад

нугат крема

нуга крем

кари

къри

сеоско газдинство
селски двор

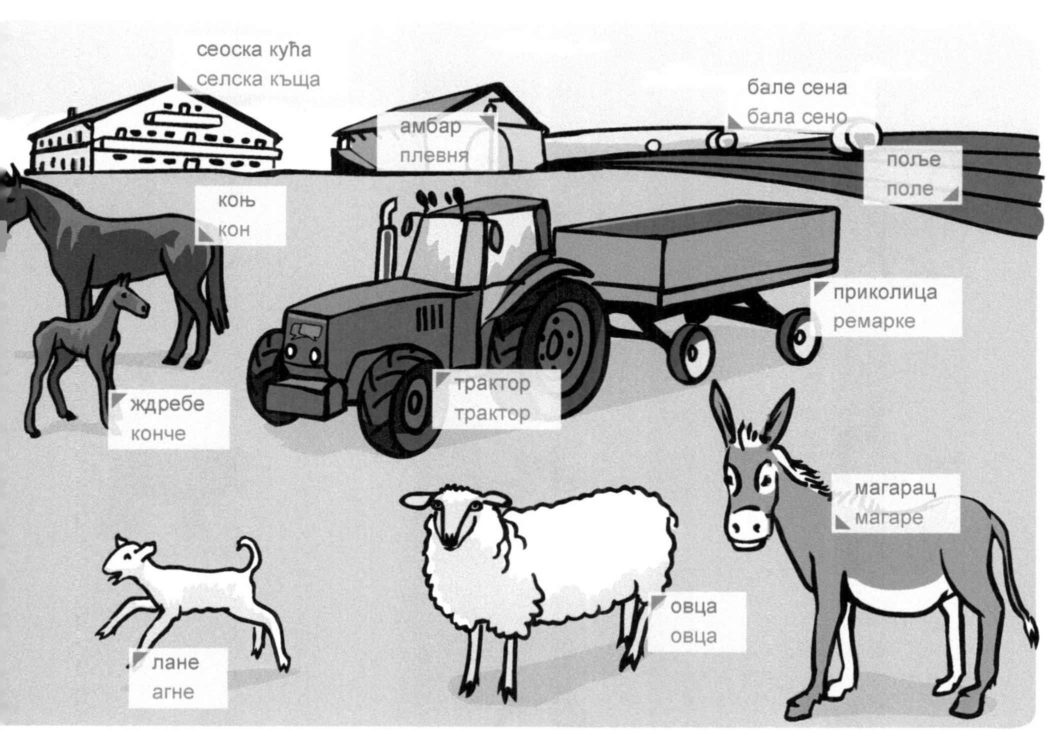

сеоска кућа
селска къща
амбар
плевня
бале сена
бала сено
поље
поле
коњ
кон
приколица
ремарке
ждребе
конче
трактор
трактор
магарац
магаре
овца
овца
лане
агне

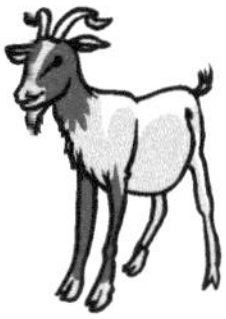

коза
коза

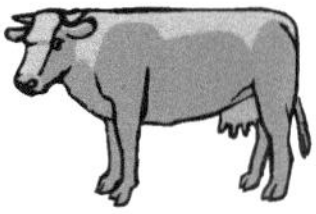

крава
крава

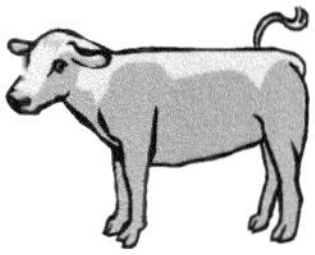

теле
теле

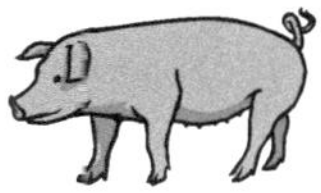

свиња
свиня

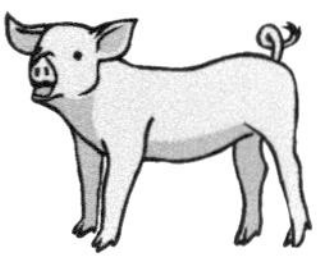

прасе
прасенце

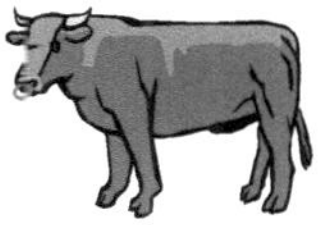

бик
бик

гуска

гъска

патка

патица

пилићи

пиленце

кокош

кокошка

петао

петел

пацов

плъх

мачка

котка

миш

мишка

вол

вол

пас

куче

кућица за пса

кучешка колиба

вртно црево

градински маркуч

канта за поливање

лейка

коса

коса

плуг

плуг

срп

сърп

мотика

мотика

виљушка за ђубриво

вила за тор

секира

брадва

тачке

ръчна количка

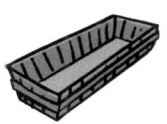

корито

корито

посуда за млеко

сꙏд за мляко

врећа

чувал

ограда

ограда

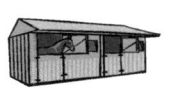

штала

обор

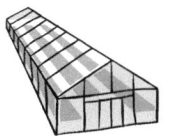

стакленик

парник

земља

земя

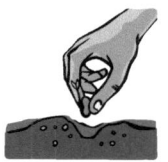

семе

сеитба

ђубриво

тор

комбајн

комбайн

жети
....
жъна

жетва
....
реколта

јамс зачин
....
ямс

пшеница
....
жито

соја
....
соя

крумпир
....
картоф

кукуруз
....
царевица

уљана репица
....
рапица

воћка
....
овощно дърво

гомољ маниоке
....
маниока

житарице
....
зърнени храни

кућа

къща

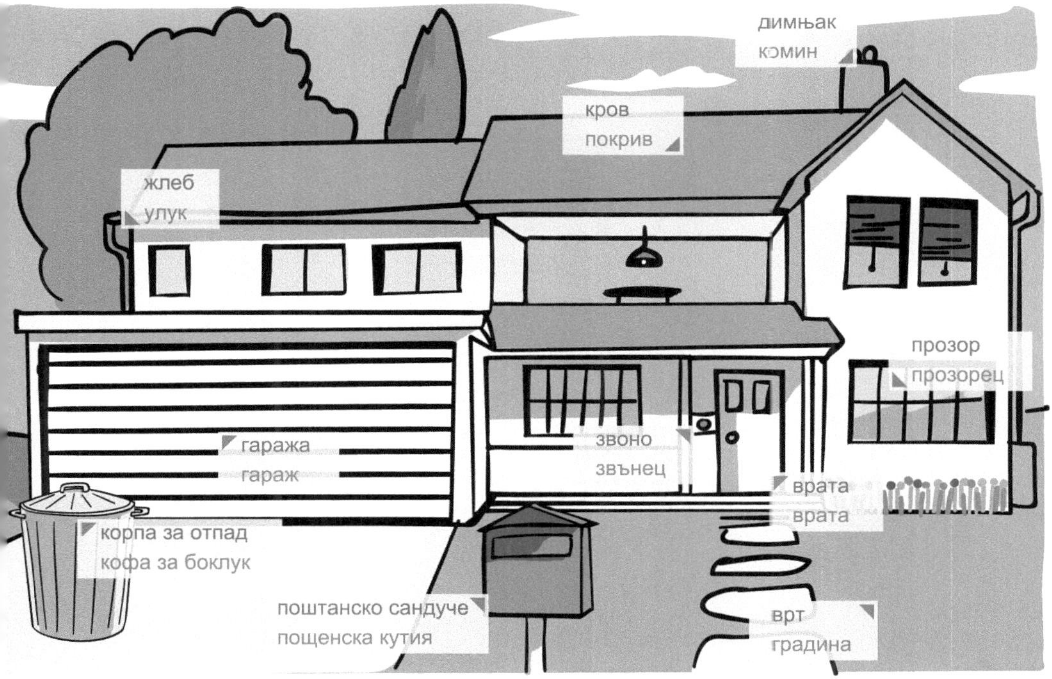
димњак
комин
кров
покрив
жлеб
улук
прозор
прозорец
гаража
гараж
звоно
звънец
врата
врата
корпа за отпад
кофа за боклук
поштанско сандуче
пощенска кутия
врт
градина

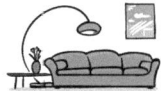

дневна соба

всекидневна

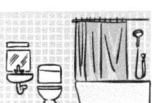

купаоница

баня

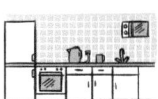

кухиња

кухня

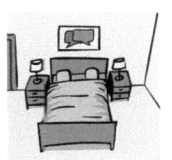

спаваћа соба

спалня

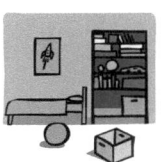

дечија соба

детска стая

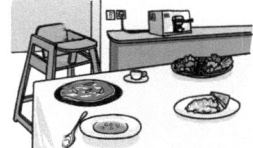

трпезарија

трапезария

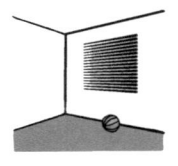

под

под

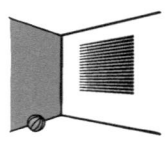

зид

стена

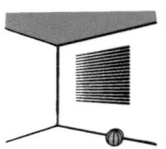

строп

таван

подрум

изба

сауна

сауна

балкон

балкон

тераса

тераса

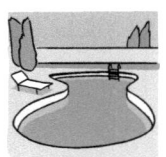

базен

плувен басейн

косилица за траву

косачка

постељина за кревет

спално бельо

дека за кревет

покривка за легло

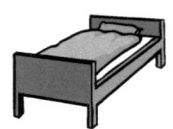

кревет

легло

метла

метла

канта

кофа

прекидач

електрически ключ

кућа - къща

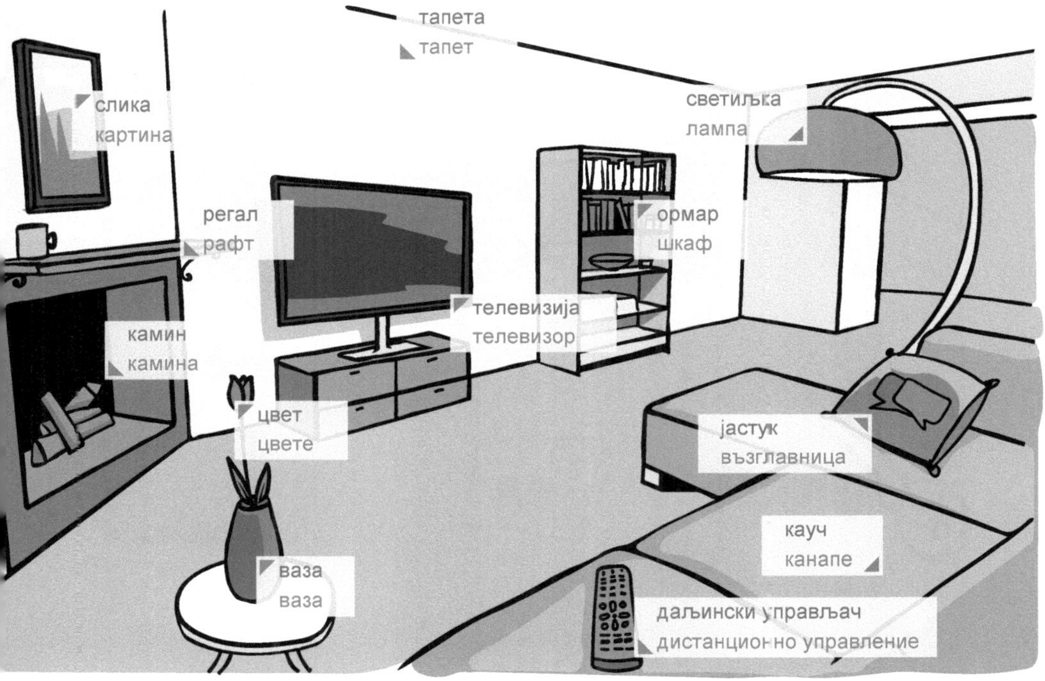

тапета
тапет

слика
картина

светиљка
лампа

регал
рафт

ормар
шкаф

камин
камина

телевизија
телевизор

цвет
цвете

јастук
възглавница

кауч
канапе

ваза
ваза

даљински управљач
дистанционо управление

тепих
килим

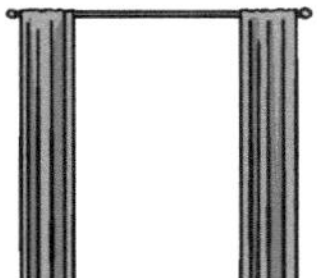

завеса
завеса

сто
маса

столица
стол

столица за њихање
люлеещ се стол

фотеља
кресло

књига

книга

дека

одеяло

декорација

декорация

дрво за огрев

дърва за отопление

филм

филм

хи-фи уређај

стерео уредба

кључ

ключ

новине

вестник

слика на платну

живопис

постер

постер

радио

радио

блок за писање

бележник

усисивач

прахосмукачка

кактус

кактус

свећа

свещ

кухиња

кухня

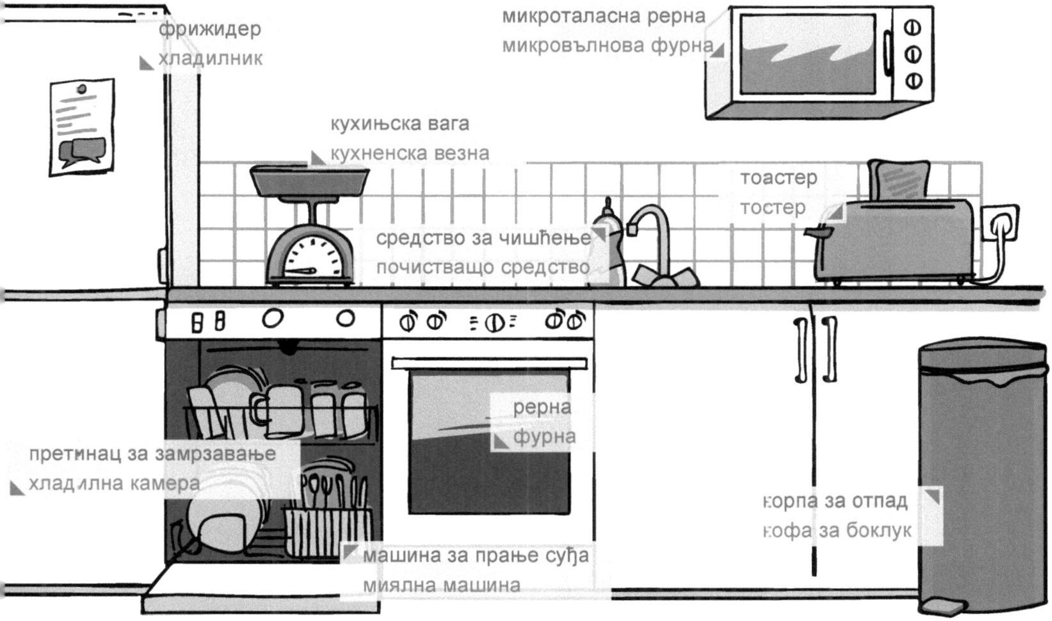

фрижидер
хладилник
микроталасна рерна
микровълнова фурна
кухињска вага
кухненска везна
тоастер
тостер
средство за чишћење
почистващо средство
рерна
фурна
претинац за замрзавање
хладилна камера
корпа за отпад
кофа за боклук
машина за прање суђа
миялна машина

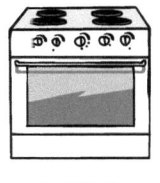

шпорет

готзарска печка

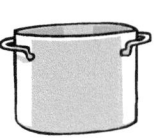

лонац

тенджера

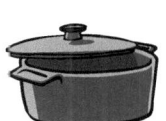

гвоздени лонац

желязна тенджера

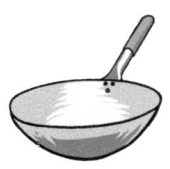

вок / кадаи

уок / кадаи

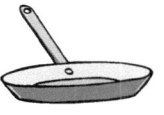

тава

тиган

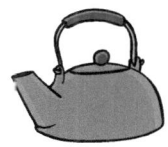

кувало за воду

кана за затопляне на вода

кувало на пару

уред за готвене на пара

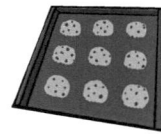

лим за печење

тава за печене

посуђе

съдове

чаша

чаша

посуда

купа

штапићи за јело

клечки за хранене

кутлача

черпак

лопатица

лопатка за тиган

пењача

тел за разбиване (на яйца, белтъци)

сито за кување

кошница за варене

сито

гевгир

рибеж

ренде

мужар

хаван

роштиљ

барбекю

огњиште

огнище

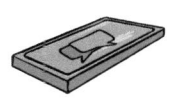

даска
дъска

оклагија
точилка

вадичеп
тирбушон

конзерва
кутия

отварач конзерви
отварачка за консерви

крпа за лонац
кухненска ръкохватка

судопер
мивка

четка
четка

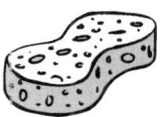

сунђер
гъба

миксер
миксер

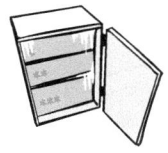

замрзивач
фризер

флашица за бебе
бебешко шише

славина за воду
воден кран

кухиња - кухня

купаоница
баня

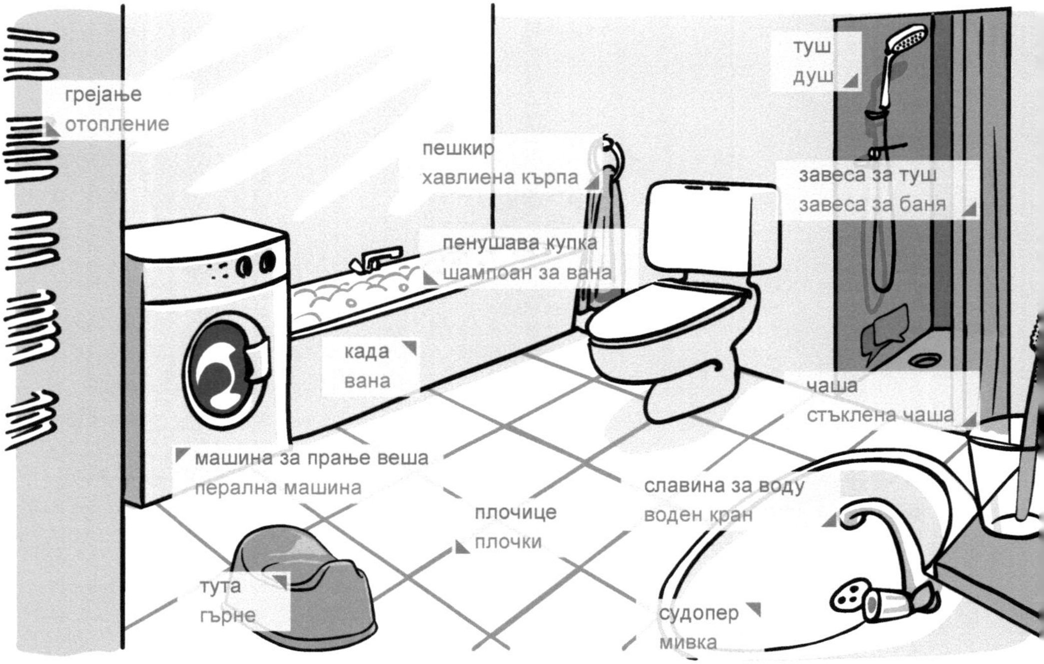
грејање
отопление
туш
душ
пешкир
хавлиена кърпа
завеса за туш
завеса за баня
пенушава купка
шампоан за вана
када
вана
чаша
стъклена чаша
машина за прање веша
перална машина
славина за воду
воден кран
плочице
плочки
тута
гърне
судопер
мивка

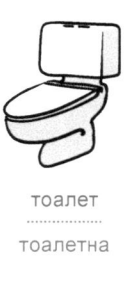

тоалет
тоалетна

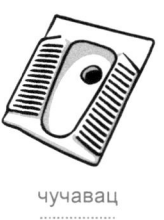

чучавац
клекало

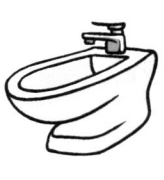

бидет
биде

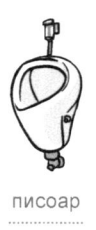

писоар
писоар

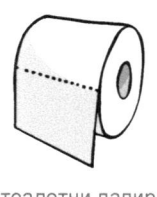

тоалетни папир
тоалетна хартия

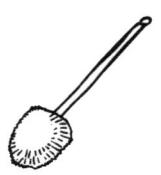

четка за тоалет
четка за тоалетна

четкица за зубе

четка за зъби

паста за зубе

паста за зъби

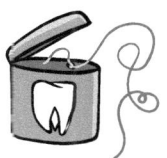

конац за зубе

конец за зъби

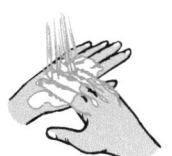

прати

мия

туш ручица

ръчен душ

туш за прање интимних делова

интимен душ

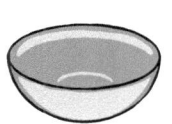

лавор

леген

четка за прање леђа

четка за гръб

сапун

сапун

гел за туширање

душ гел

шампон

шампоан за вана

крпа за прање

гъба за баня

одвод

сифон

крема

крем

дезодоранс

дезодорант

огледало

огледало

козметичко огледало

козметично огледало

бријач

ръчна самобръсначка

пена за бријање

пяна за бръснене

лосион за после бријања

одеколон за след
бръснене

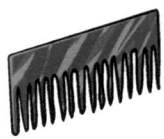

чешаљ

гребен

четка

четка

фен за косу

сешоар

спреј за косу

спрей за коса

шминка

грим

руж за усне

червило

лак за нокте

лак за нокти

вата

памук

маказе за нокте

ножица за нокти

парфем

парфюм

козметичка торбица

тоалетна чантичка

столица

табуретка

вага

везна

огртач

хавлия

рукавице за чишћење

домакински ръкавици

тампон

тампон

уложак

дамски превръзки

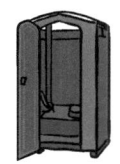

хемијски тоалет

химическа тоалетна

дечија соба

детска стая

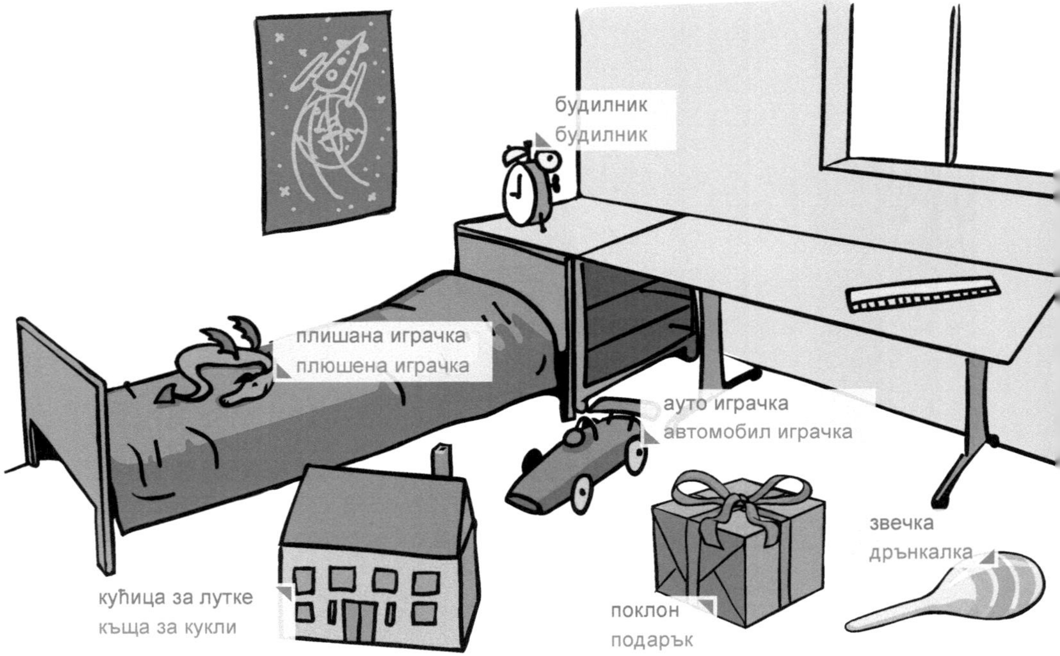
будилник
будилник
плишана играчка
плюшена играчка
ауто играчка
автомобил играчка
звечка
дрънкалка
кућица за лутке
къща за кукли
поклон
подарък

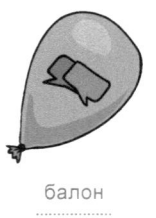

балон

балон

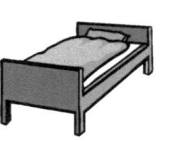

кревет

легло

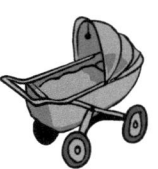

дјечија колица

детска количка

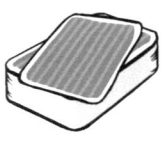

игра са картама

игра на карти

слагалица

пъзел

SUPER
MEGA

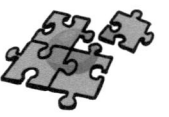

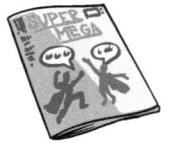

стрип

комикс

лего коцкице

лего елементи

коцкице за слагање

строителни елементи

акциони јунак

екшън фигурка

бенкица за бебе

бебешки гащеризон

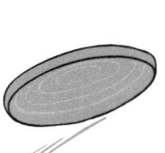

фризби

фрисби

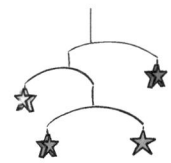

висеће играчке

бебешки играчки за легло

друштвене игре

настолна игра

коцка

зарче

минијатурна жељезница

миниатюрно влакче

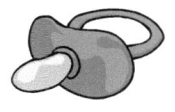

дуда

биберон

забава

парти

сликовница

детска книга с илюстрации

лопта

топка

лутка

кукла

играти

играя

пешчаник

пясъчник

љуљачка

люлка

играчка

играчка

конзола за игре

игрова конзола

трицикл

велосипед с три колелета

теди

плюшено мече

ормар

гардероб

одећа

облекло

кратке чарапе

къси чорапи

чарапе

дълги чорапи

хулахопке

чорапогащник

шал
шал

кишобран
чадър

мајица
Т-шърт

каиш
колан

чизме
ботуши

папуче
пантофи

патике
гуменки

сандале
сандали

ципеле
обувки

гумене чизме
гумени ботуши

гаћице
слип

грудњак
сутиен

поткошуља
долна блуза

боди

боди

панталоне

панталон

фармерке

дънки

сукња

пола

блуза

блуза

кошуља

риза

џемпер

пуловер

џемпер с капуљачом

суичър

сако

блейзър

јакна

яке

мантил

палто

кабаница

дъждобран

костим

костюм

хаљина

рокля

венчаница

булчинска рокля

одећа - облекло

одело

костюм

спаваћица

нощница

пиџама

пижама

сари

сари

марама за главу

кърпа за глава

турбан

тюрбан

бурка

бурка

кафтан

кафтан

абаја

абая

купаћи костим

бански костюм

купаће гаћице

плувни шорти

кратке панталоне

къс панталон

одећа за тренинг

анцуг

кецеља

престилка

рукавице

ръкавици

одећа - облекло

дугме

копче

наочаре

очила

наруквица

гривна

огрлица

верижка

прстен

пръстен

наушница

обеца

капа

каскет

вешалица

закачалка

шешир

шапка

кравата

вратовръзка

патент затварач

цип

кацига

каска

нараменице

тиранти

школска униформа

ученическа униформа

униформа

униформа

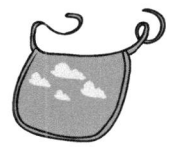

подбрадак

лигавник

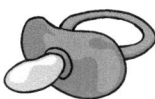

дуда

биберон

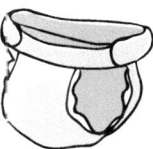

пелена

пелена

канцеларија
офис

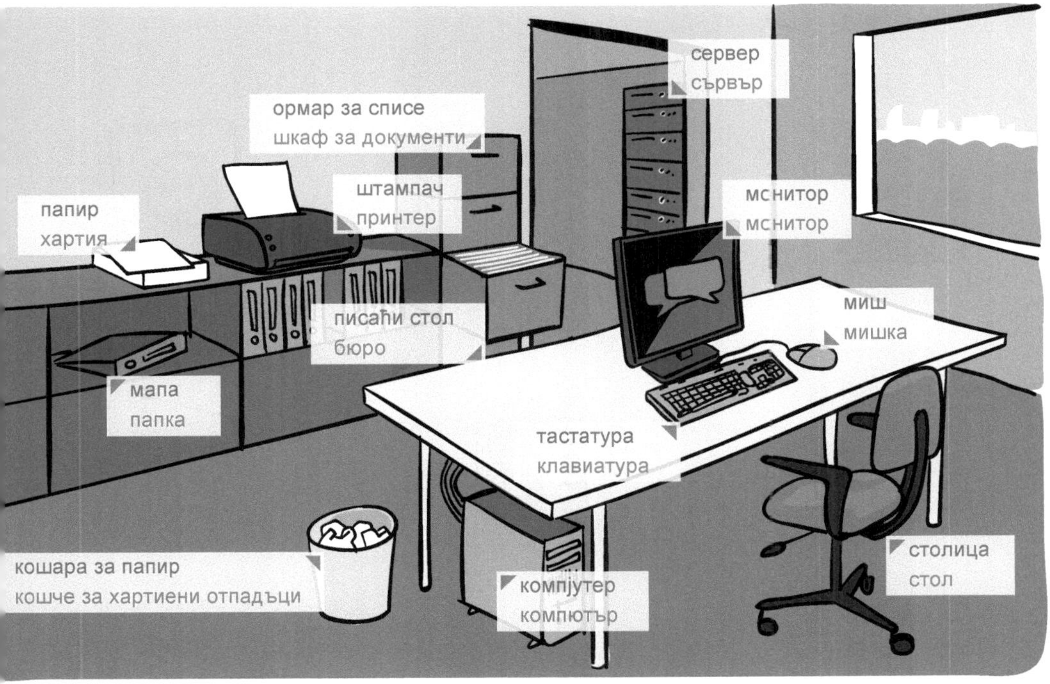

сервер
сървър
ормар за списе
шкаф за документи
штампач
принтер
папир
хартия
монитор
монитор
писаћи стол
бюро
миш
мишка
мапа
папка
тастатура
клавиатура
кошара за папир
кошче за хартиени отпадъци
компјутер
компютър
столица
стол

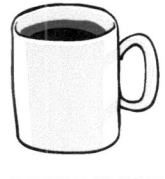

шалица за каву

чаша за кафе

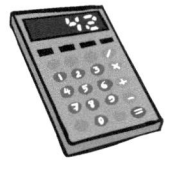

калкулатор

джобен калкулатор

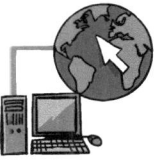

интернет

интернет

лаптоп

лаптоп

писмо

писмо

порука

съобщение

мобилни телефон

мобилен телефон

мрежа

мрежа

уређај за копирање

ксерокс

софтвер

софтуер

телефон

телефон

утичница

контакт

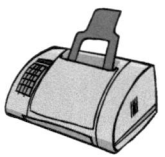

факс

факс

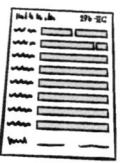

формулар

формуляр

документ

документ

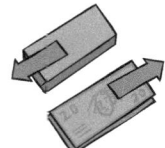

куповати

купувам

платити

плащам

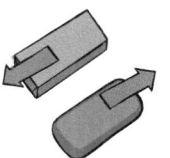

трговати

търгувам

новац

пари

долар

долар

евро

евро

јен

йена

рубља

рубла

швајцарски франак

швейцарски франк

ренминдби јуан

ренминби юан

рупија

рупия

аутомат за новац

банкомат

мењачница

обменно бюро

злато

злато

сребро

сребро

нафта

нефт

енергија

енергия

цена

цена

уговор

договор

порез

данък

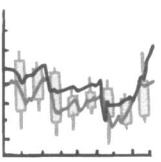

деонице

акция

радити

работя

службеник

служител

послодавац

работодател

фабрика

фабрика

продавница

магазин за цветя

економија - икономика

полицајац
полицай

ватрогасац
пожарникар

кувар
готвач

лекар
лекар

пилот
пилот

вртлар
градинар

столар
мебелист

кројачица
шивачка

судија
съдия

хемичар
химик

глумац
артист

возач аутобуса

шофьор на автобус

возач таксија

шофьор на такси

рибар

рибар

чистачица

чистачка

кровопокривач

мајстор на покриви

конобар

келнер

ловац

ловец

сликар

художник

пекар

хлебар

електричар

електротехник

грађевински радник

строителен работник

инжењер

инженер

месар

касапин

лимар

тенекеджия

поштар

пощальон

војник

войник

архитекта

архитект

благајник

касиер

цвећар

цветар

фризер

фризьор

кондуктер

кондуктор

механичар

механик

капетан

капитан

зубар

зъболекар

научник

научен работник

раби

равин

имам

има̀м

монах

монах

свећеник

свещеник

алати
инструменти

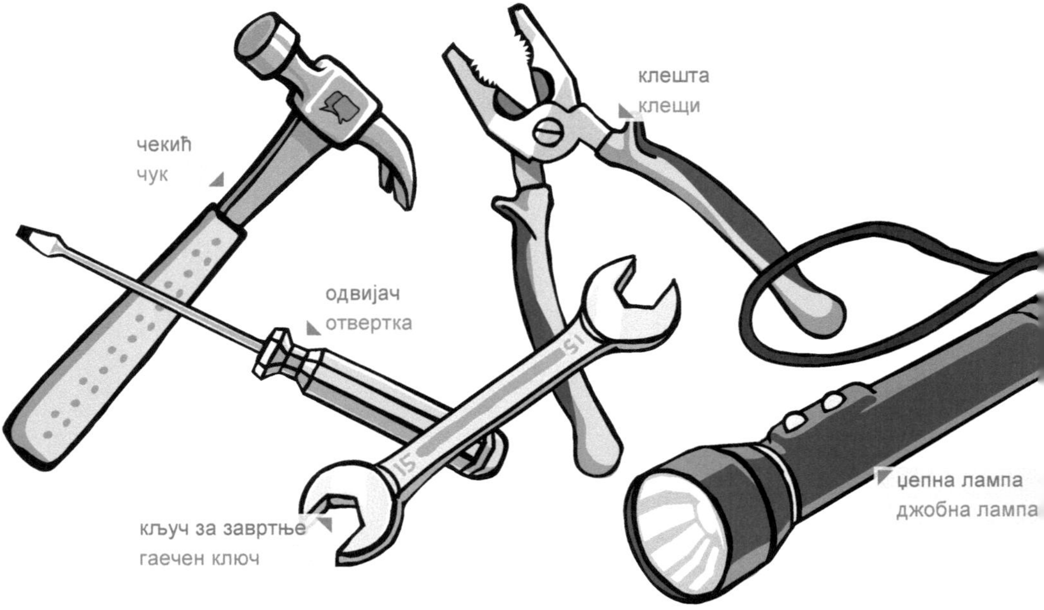

чекић
чук
клешта
клещи
одвијач
отвертка
кључ за завртње
гаечен ключ
џепна лампа
джобна лампа

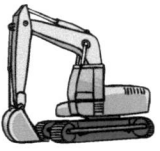

багер

багер

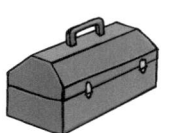

кутија за алат

кутия за инструменти

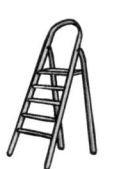

мердевине

стълба

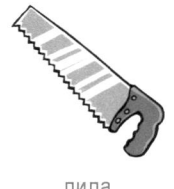

пила

трион

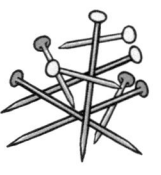

ексер

пирони

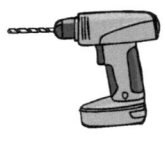

бушилица

бормашина

поправити
ремонтирам

лопата
лопата

до ђавола!
По дяволите!

лопатица
лопатка за смет

лонац за боју
кутия за боя

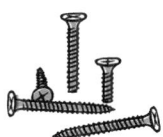

завртањи
болтове

музички инструмент
музикални инструменти

звучник
високоговорител

бубњеви
ударни инструменти

гитара
китара

контрабас
контрабас

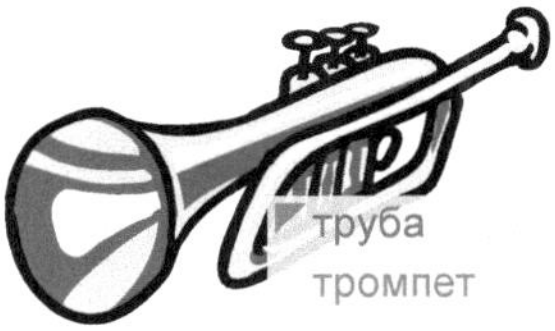

труба
тромпет

клавир

пиано

виолина

виолина

бас

контрабас

тимпани

тимпан

удараљке за бубњеве

барабан

типке клавира

електрическо пиано

саксофон

саксофон

флаута

флейта

микрофон

микрофон

музички инструмент - музикални инструменти

зоолошки врт

зоологическа градина

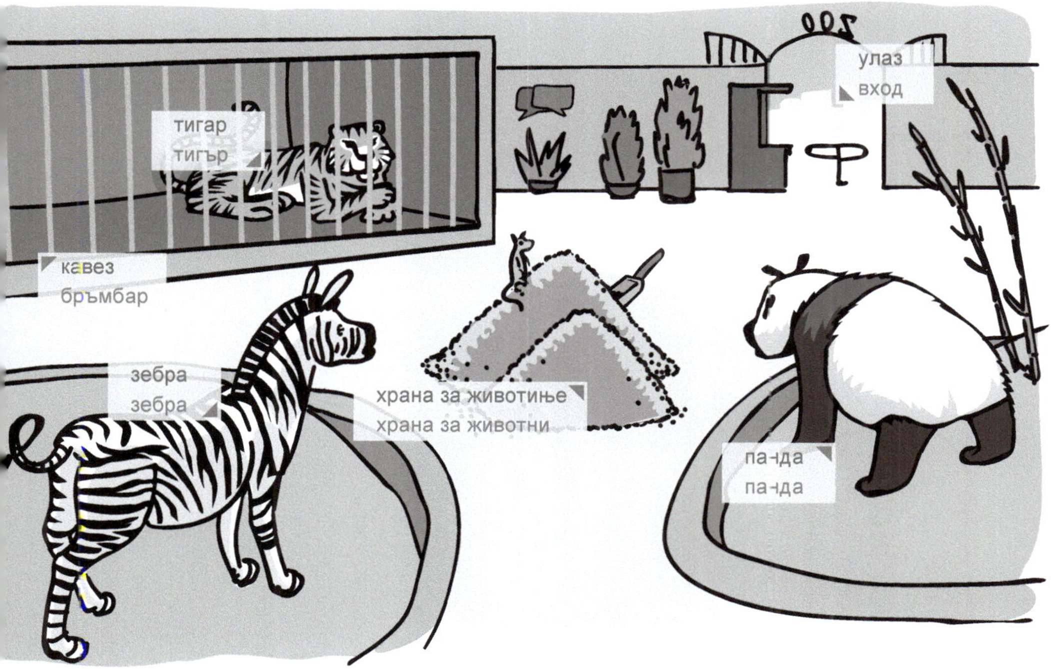
улаз
вход
тигар
тигър
кавез
бръмбар
зебра
зебра
храна за животиње
храна за животни
панда
панда

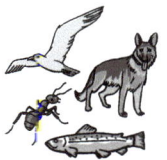

животиње

животни

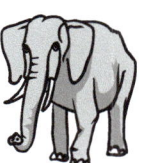

слон

слон

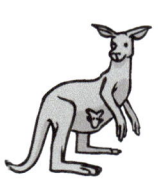

кенгур

кенгуру

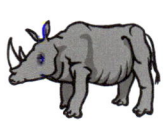

носорог

носорог

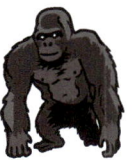

горила

горила

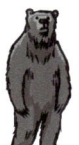

медвед

мечка

камила

камила

ној

щраус

лав

лъв

мајмун

маймуна

фламинго

фламинго

папагај

папагал

поларни медвед

бяла мечка

пингвин

пингвин

ајкула

акула

паун

паун

змија

змия

крокодил

крокодил

чувар у зоолошком врту

пазач в зоологическа
градина

туљан

тюлен

јагуар

ягуар

зоолошки врт - зоологическа градина

пони

пони

леопард

леопард

нилски коњ

хипопотам

жирафа

жираф

орао

орел

дивља свиња

диво прасе

риба

риба

корњача

костенурка

морж

морж

лисица

лисица

газела

газела

американски ногомет
американски футбол

бициклизам
колоездене

тенис
тенис

кошарка
баскетбол

пливање
плуване

бокс
бокс

хокеј на леду
хокей на лед

фудбал
футбол

бадминтон
бадминтон

атлетика
лека атлетика

рукомет
хандбал

скијање
ски бягане

поло
поло

скочити
скачам

загрлити
прегръщам

смејати се
смея се

ићи
вървя

певати
пея

сањати
сънувам

молити се
моля се

пољубити
целувам

писати
пиша

цртати
рисувам

показати
показвам

гурати
бутам

дати
давам

узети
взимам

имати

имам

чинити

правя

бити

съм

стојати

стоя

трчати

тичам

повлачити

дърпам

бацити

хвърлям

падати

падам

лежати

лежа

чекати

чакам

носити

нося

седити

седя

облачити

обличам

спавати

спя

пробудити се

събуждам се

гледати

разглеждам

плакати

плача

миловати

милвам

чешљати

реша се

говорити

говоря

разумети

разбирам

питати

питам

слушати

слушам

пити

пия

јести

јам

поспремити

разтребвам

волети

обичам

кухати

готвя

возити

карам автомобил

летети

летя

активности - дейности

65

пловити

плавам (с платна)

рачунати

смятане

читати

чета

учити

уча

радити

работя

венчати се

женя се

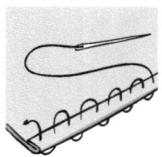

шити

шия

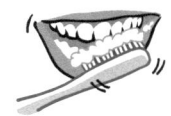

прати зубе

измивам си зъбите

убити

убивам

пушити

пуша

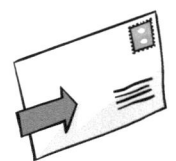

послати

изпращам

бака
баба

деда
дядо

отац
баща

мајка
майка

беба
бебе

кћерка
дъщеря

син
син

гост

посетител

тетка

леля

ујак, стриц

чичо

брат

брат

сестра

сестра

тело

тяло

чело
чело
око
око
раме
рамо
прст
пръст
лице
лице
брада
брадичка
рука
ръка
груди
гърди
нога
крак
рука
ръка

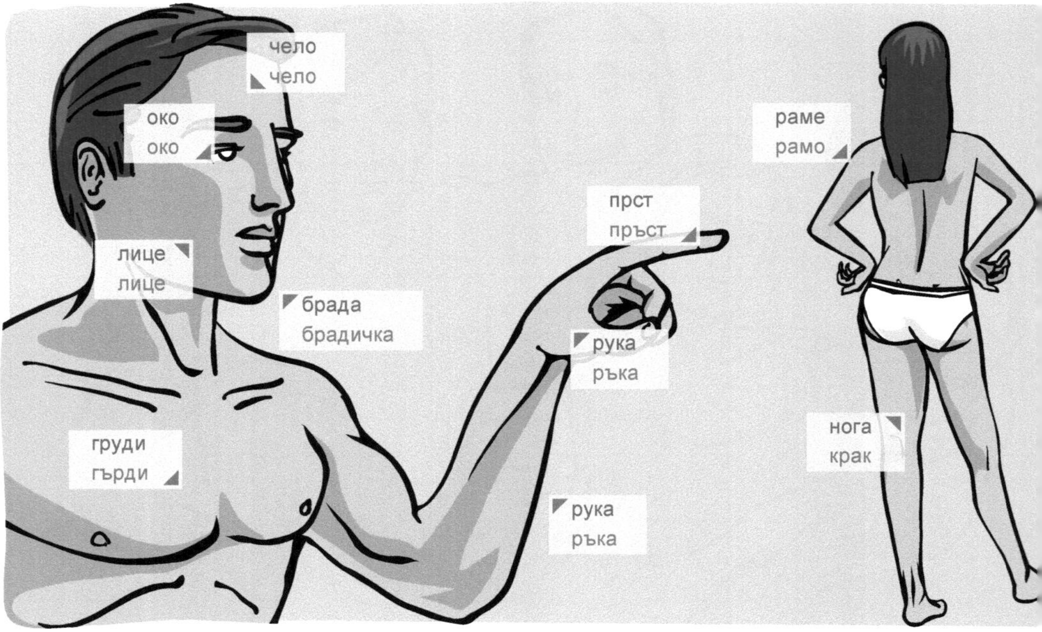

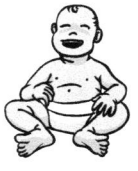

беба

бебе

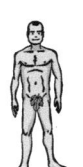

мушкарац

мъж

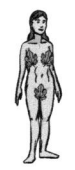

жена

жена

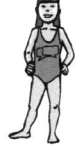

девојчица

момиче

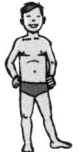

дечак

момче

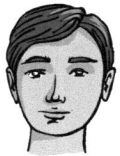

глава

глава

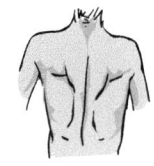

леђа

гръб

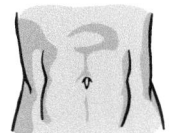

стомак

корем

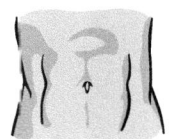

пупак

пъп

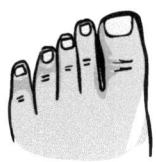

ножни прст

пръст на крака

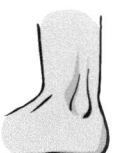

пета

пета

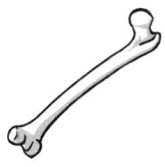

кост

кост

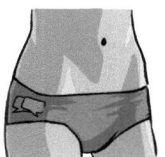

кукови

хълбок

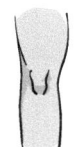

колено

коляно

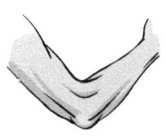

лакат

лакът

нос

нос

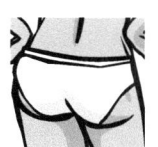

задњица

седалище

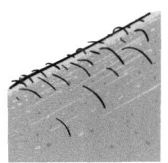

кожа

кожа

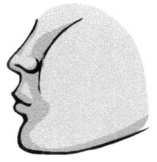

образ

буза

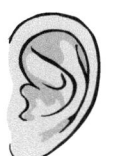

уво

ухо

усна

устна

уста
уста

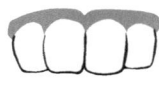

зуб
зъб

језик
език

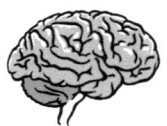

мозак
мозък

срце
сърце

мишић
мускул

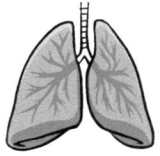

плућа
бял дроб

јетра
черен дроб

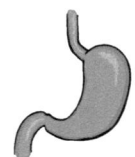

желудац
стомах

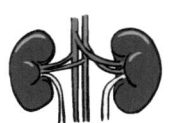

бубрези
бъбреци

полни однос
полово сношение

кондом
кондом

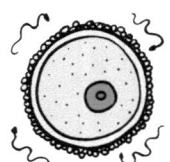

јајна ћелија
яйцеклетка

сперма
сперма

трудноћа
бременност

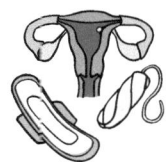

менструација
менструация

вагина
вагина

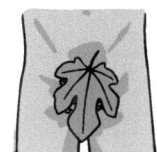

пенис
пенис

обрва
вежда

коса
коса

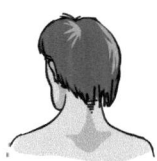

врат
шия

болница

болница

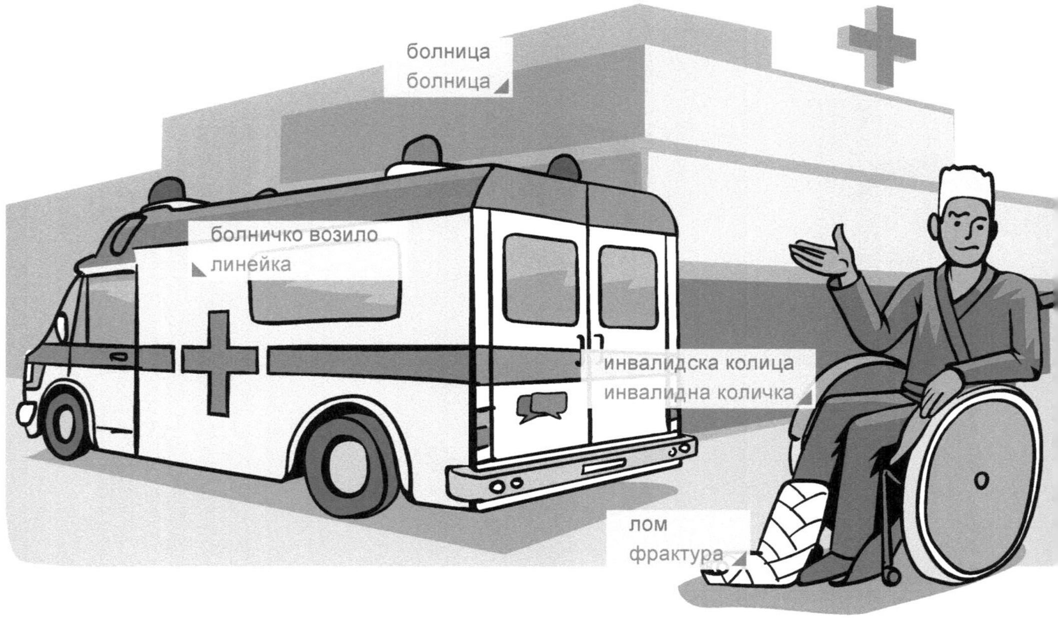

болница
болница
болничко возило
линейка
инвалидска колица
инвалидна количка
лом
фрактура

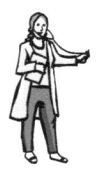

лекар

лекар

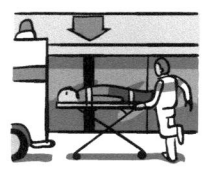

хитна медицинска служба

спешна хоспитализация

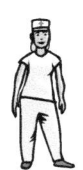

медицинска сестра

медицинска сестра

хитни случај

спешен случай

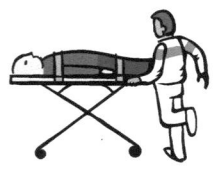

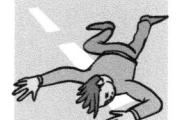

несвест

в безсъзнание

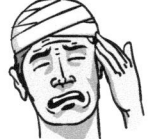

бол

болка

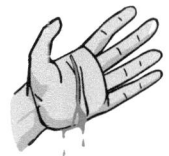

повреда

нараняване

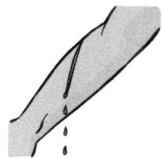

крварење

кървене

срчани удар

инфаркт

удар

инсулт

алергија

алергия

кашаљ

кашлица

грозница

температура

грипа

грип

пролив

диария

главобоља

главоболие

рак

рак

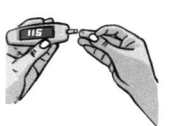

дијабетес

диабет

хирург

хирург

скалпел

скалпел

операција

операция

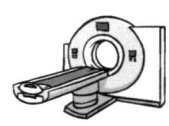

цт
компютърна томография

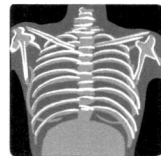

рентген
рентген

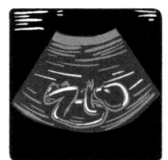

ултразвук
ултразвук

маска
маска

болест
болест

чекаона
чакалня

штака
патерица

фластер
пластир

завоj
превръзка

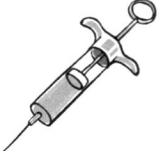

ињекција
инжекция

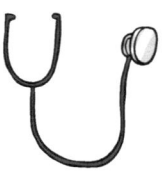

стетоскоп
стетоскоп

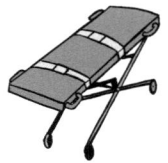

носила
носилка

термометар
термометър

рођење
раждане

прекомерна тежина
наднормено тегло

болница - болница

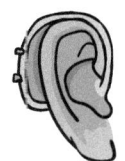

слушни апарат

слухов апарат

средство за дезинфекцију

дезинфекционно средство

инфекција

инфекция

вирус

вирус

хив / аидс

HIV / AIDS

медицина

медицина

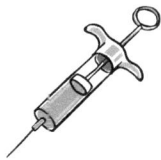

вакцинација

ваксинация

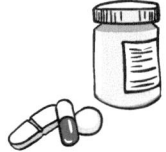

таблете

таблети

пилула

противозачатъчна таблетка

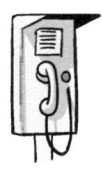

хитни позив

спешно телефонно обаждане

уређај за мерење притиска

апарат за измерване на кръвното налягане

болесно / здраво

болен / здрав

помоћ!

сигнал за тревога

аларм

сигнал за тревога

насртај

нападение

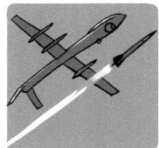

напад

атака

опасност

опасност

излаз у случају нужде

аварien изход

пожар!

Пожар!

противпожарни апарат

пожарогасител

незгоца

злополука

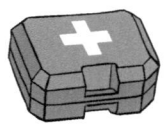

кутија прве помоћи

комплект за оказване на
първа помощ

сос

SOS

полиција

полиция

Европа

Европа

Северна Америка

Северна Америка

Јужна Америка

Южна Америка

Африка

Африка

Азија

Азия

Аустралија

Австралия

Атлантик

Атлантически океан

Пацифик

Тихи океан

Индијски океан

Индийски океан

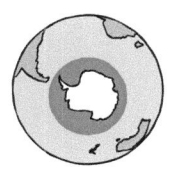

Антарктички океан

Южен ледовит океан

Арктички океан

Северен ледовит океан

Северни рол

Северен полюс

Јужни рол
Южен полюс

Антарктик
Антарктида

земља
Земя

земља
суша

море
море

оток
остров

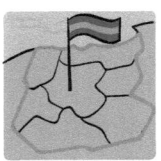

нација
нация

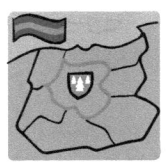

држава
държава

бројчаник сата

цоферблат

сатна казаљка

стрелка на часовете

минутна казаљка

стрелка на минутите

секундна казаљка

стрелка на секундите

Колико је сати?

Колко е часът?

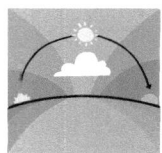

дан

ден

време

време

сада

сега

дигитални сат

дигитален часовник

минута

минута

час

час

понедељак
понеделник

MO

среда
сряда

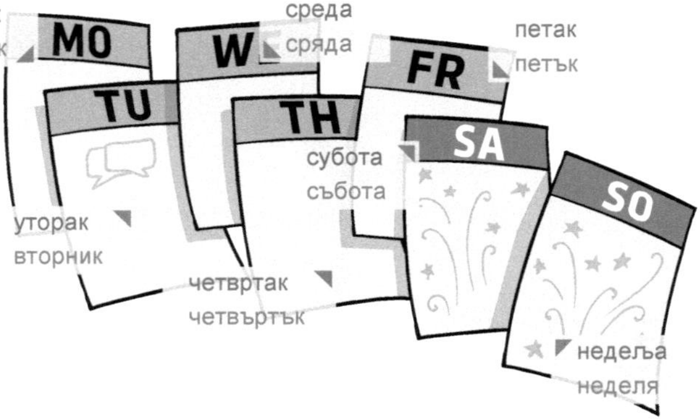

W

петак
петък

FR

TU

TH

SA

субота
събота

SO

уторак
вторник

четвртак
четвъртък

недеља
неделя

TUE **MON**
2 1

jуче
вчера

TUE
2

данас
днес

TUE
3

сутра
утре

jутро
сутрин

подне
обед

вече
вечер

MO	TU	WE	TH	FR	SA	SU
1	2	3	4	5	6	7
8	9	10	11	12	13	14
15	16	17	18	19	20	21
22	23	24	25	26	27	28
29	30	31	1	2	3	4

радни дани
работни дни

MO	TU	WE	TH	FR	SA	SU
1	2	3	4	5	6	7
8	9	10	11	12	13	14
15	16	17	18	19	20	21
22	23	24	25	26	27	28
29	30	31	1	2	3	4

викенд
уикенд

киша
дъжд

дуга
дъга

снег
сняг

ветар
вятър

пролеħе
пролет

лето
лято

јесен
есен

зима
зима

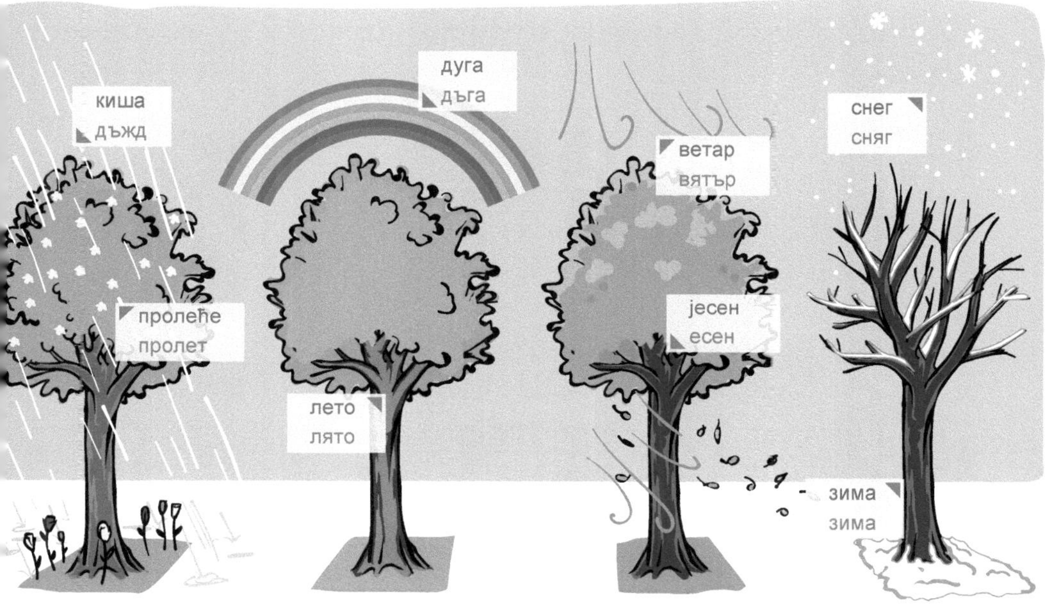

метеоролошка прогноза

прогноза за времето

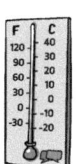

термометар

термометър

сунчана светлост

слънчева светлина

облак

облак

магла

мъгла

влажност ваздуха

влажност на въздуха

муња

светкавица

грмљавина

гръмотевица

олуја

буря

туча

градушка

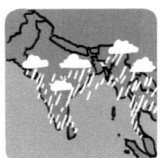

монсун

мусон

поплава

наводнение

лед

лед

јануар

януари

фебруар

февруари

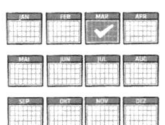

март

март

април

април

мај

май

јуни

юни

јули

юли

август

август

година - година

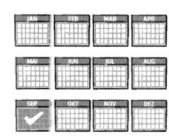

септембар
....
септември

октобар
....
октомври

новембар
....
ноември

децембар
....
децембри

круг
....
кръг

квадрат
....
квадрат

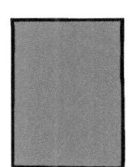

правоугао
....
четириъгълник

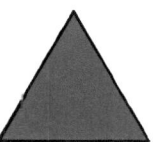

троугао
....
триъгълник

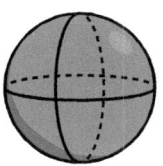

кугла
....
сфера

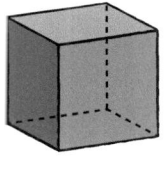

коцка
....
куб

бела
....
бял

жута
....
жълт

наранџаста
....
оранжев

ружичаста
....
розов

црвена
....
червен

љубичаста
....
лилав

плава
....
син

зелена
....
зелен

смеђа
....
кафяв

сива
....
сив

црна
....
черен

много / мало

много / малко

љутито / мирно

ядосан / спокоен

лепо / ружно

красив / грозен

почетак / крај

начало / край

велико / малено

голям / малък

светло / тамно

светъл / тъмен

брат / сестра

брат / сестра

чисто / прљаво

чист / мръсен

потпуно / непотпуно

пълен / непълен

дан / ноћ

ден / нощ

мртво / живо

мъртъв / жив

широко / уско

широк / тесен

јестиво / нејестиво

ядлив / неядлив

зло / добро

сърдит / любезен

узбуђено / досадно

развълнуван / скучаещ

дебело / мршаво

дебел / тънък

на почетку / на крају

най-напред / най-накрая

пријатељ / непријатељ

приятел / враг

пуно / празно

пълен / празен

тврдо / мекано

твърд / мек

тешко / лагано

тежък / лек

глад / жеђ

глад / жажда

болесно / здраво

болен / здрав

илегално / легално

нелегален / легален

паметно / глупо

интелигентен / глупав

лево / десно

ляво / дясно

близу / далеко

близо / далече

ново / половно
....
нов / употребяван

ништа / нешто
....
нищо / нещо

старо / младо
....
стар / млад

укључено / искључено
....
вкл. / изкл.

отворено / затворено
....
отворен / затворен

тихо / гласно
....
тих / силен (звук)

богато / сиромашно
....
богат / беден

тачно / погрешно
....
правилен / погрешен

хэапаво / глатко
....
грапав / гладък

тужно / сретно
....
тъжен / щастлив

кратко / дуго
....
дълъг / къс

полако / брзо
....
бавен / бърз

мокро / сухо
....
мокър / сух

топло / хладно
....
топъл / студен

рат / мир
....
война / мир

0

нула
нула

1

један
едно

2

два
две

3

три
три

4

четири
четири

5

пет
пет

6

шест
шест

7

седам
седем

8

осам
осем

9

девет
девет

10

десет
десет

11

једанаест
единадесет

12

дванаест

дзанадесет

13

тринаест

тринадесет

14

четрнаест

четиринадесет

15

петнаест

гетнадесет

16

шестнаест

шестнадесет

17

седамнаест

седемнадесет

18

осамнаест

осемнадесет

19

деветнаест

деветнадесет

20

двадесет

двадесет

100

стотину

сто

1.000

хиљаду

хиляда

1.000.000

милион

милион

енглески

английски

амерички енглески

американски английски

мандарински кинески

китайски мандарин

хиндски

хинди

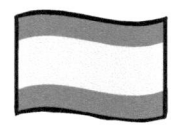

шпански

испански

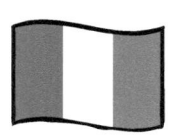

француски

френски

арапски

арабски

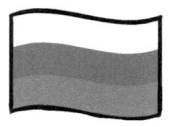

руски

руски

португалски

португалски

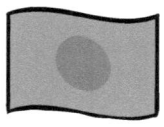

бенгалски

бенгалски

немачки

немски

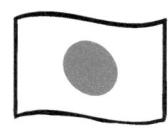

јапански

японски

ja
аз

ти
ти

♂ ♀ ○

он / она / оно
той / тя / то

ми
ние

ви
вие

они
те

Ко?
кой?

Шта?
какво?

Како?
как?

Где?
къде?

Када?
кога?

HELLO, I AM

име
име

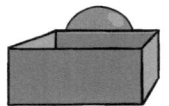

иза
зад

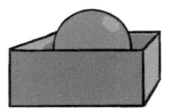

у
в

испред
пред

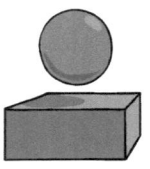

преко
над

на
върху

испод
под

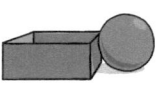

поред
до

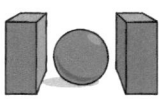

између
между

место
място